NAVEGANDO POR INTER-MENT

PEPE $\prod$

Compre este libro en línea visitando www.trafford.com/08-0004
o por correo electrónico escribiendo a orders@trafford.com

La gran mayoría de los títulos de Trafford Publishing también están disponibles en las principales tiendas de libros en línea.

Aviso a Bibliotecarios: La catalogación bibliográfica de este libro se encuentra en la base de datos de la Biblioteca y Archivos del Canadá. Estos datos se pueden obtener a través de la siguiente página web: www.collectionscanada.ca/amicus/index-e.html

Impreso en Victoria, BC, Canadá.

ISBN: 978-1-4251-6532-1

Trafford PUBLISHING

www.trafford.com/4501

Para Norteamérica y el mundo entero
llamadas sin cargo: 1 888 232 4444 (USA & Canadá)
teléfono: 250 383 6864 • fax: 250 383 6804
correo electrónico: info@trafford.com

Para el Reino Unido & Europa
teléfono: +44 (0)1865 487 395 • tarifa local: 0845 230 9601
facsímile: +44 (0)1865 481 507 • correo electronico: info.uk@trafford.com

10 9 8 7 6 5 4

Mi agradecimiento a tod@s l@s amig@s que me han ayudado en este proyecto y en especial a Helena por creer en mí y enseñarme a salir del caos de los apuntes.

PRÓLOGO

El recorrido de Pepe Pi parte de la soledad sentida en el medio natural. Sin embargo el aparente aislamiento le lleva a la toma de consciencia de las principales cuestiones compartidas sobre la existencia, y la distancia se convierte en conexión con la conciencia de todos, cívica y humana, a través de la reflexión.

La red de experiencia humana que a todos nos une le permite sumergirse e indagar por los resquicios de nuestras debilidades individuales y las fisuras de una sociedad contradictoria. El humor se filtra como un haz de luz en pocas palabras cargadas de pensamiento que casi precipita a la reflexión.

En la era de las comunicaciones, las tecnologías, la información y lo efímero de las interrelaciones, este libro propone una revisión sobre la propia conciencia de existir, experiencia humana común y eterna.

Los apuntes del autor se van entretejiendo en un monólogo a veces dialogado. Una voz modulada por la ironía en ocasiones, otras por la sensibilidad poética. El miedo, el aburrimiento, el espacio-tiempo, la vida, la muerte, el amor, el sexo, la hipocresía, la anarquía, las guerras, las religiones, temas todos ellos recurrentes y cotidianos entrelazados con la originalidad del mestizaje: aforismos, poemas, cuentos cortos, fragmentos de prosa.

Todo ello hace de este libro el reflejo de una vía poco transitada pero propia

Helena Valverde.

La admiración ante la sorpresa que causa la vida, las cosas y las horas me hacen reflexionar sobre su existencia.

Tengo dos amigos que tienen mala fama: El Miedo es uno, a él le da miedo todo, claro, es el miedo. El otro es El Aburrimiento, no le gusta ser quién es, pues se aburre mucho. A ellos les dedico mucha atención. ¡Me han enseñado tanto...! me dejan que les observe, que les vaya conociendo. Son lo que son, y bien utilizados ayudan mucho. Mal utilizados destruyen.

--

Todo existe por temor a no existir, y lo llamamos evolución.

Miedo, sé que tienes todo el poder sobre la mente, que reconoce tu derecho a existir. ¿Es este tu reino?
Pero tu manera de existir, con todo tu poder, puede ser catastrófica si no se contrarresta.

--

No, no estamos en plena evolución, sino en plena ebullición.

Hay que tener mucho miedo a no existir para morir por una religión. Las religiones son las que más miedo dan, y todas ellas dicen que te lo quieren quitar.

Por miedo nos explotamos, no compartimos por miedo a que nos falte, no nos ayudamos por miedo a complicarnos, nos pegamos y matamos por miedos, y no sé si cuando amamos será o no una forma de miedo disfrazada.

No tienes materia, pero se te siente más real a ti sin ella que a nosotros con ella. Y en todas las lecciones de la vida apareces tú. También controlas en la naturaleza, hay muchas especies que te utilizan para sobrevivir.

Sé donde naces. No naces del miedo a morir, sino del miedo a dejar de existir después de morir.
Y hasta la vida no sabe donde meterse cuando tú coges intensidad.
Sabiendo dónde naces, el poder que tienes, cómo te alimentas y dónde habitas. Sé que quieres eternizarte como todo ser vivo, sé que quieres sobrevivir y existir. Al fin y al cabo eres bastante parecido a nosotros. Estamos muy ligados a sobrevivir como sea. Tampoco quieres aceptar que todo lo que tiene un principio, también ha de tener un fin.

Somos tan inteligentes
que nos temen vida y muerte.

--

En una conversación con El Miedo me decía que él no quería que se liara todo como está, a él le da miedo. No quiere destruirnos, sólo vivir en nosotros como en los animales y en las plantas: ellos lo usan para sobrevivir. Y no para destruir. Él sabe que si se pasa, destruye. Para nada lo quiere. También depende de nosotros para existir. Me pide ayuda. No sé cómo, yo también tengo miedo.

Humanos, ¡cómo adoráis a Dioses y despreciáis
sus obras!

--

¿Para qué quieres a Dios?

--

Y sin las religiones, ¿habría guerras?
Y sin las religiones, las fantasías sexuales ¿tendrían culpa y daños colaterales?

Por temor al futuro perdemos el presente.

--

No sé ni quién soy, ni dónde estoy. Y en la parte efímera de la realidad percibida, reina el miedo.

--

El miedo es quien
le da aprecio a la vida.
El mundo funciona con él.
El miedo es la fuerza que
coacciona el mundo del orden.
El orden destruye el caos
que crea la vida.
La vida juega con él y él con la vida.
Y la muerte es cómplice de ambos.

Está bien defenderse de los miedos, pero sin daños colaterales.

--

Si no tenemos miedo de nacer sin saber de dónde venimos, ¿por qué debemos tener miedo de morir sin saber dónde vamos?

--

Cuando uno busca a Dios, ¿no será que está huyendo de sus miedos?

Si el miedo es quien le da sentido a tu vida,

míratelo

Cuando el miedo coge intensidad,
la vida no sabe dónde meterse,
forzando a la mente
a crear un refugio
donde el miedo no entre: ¿Dios?

Si Dios existe debe dar miedo,
ya que todo funciona con él.
¿Qué quieres que te diga?
¿que Dios no existe?
Si existiera sin duda estaría
más cerca de los ovarios y los cojones
que de las religiones.

--

Tienes que destruir el concepto de Dios para llegar a tu esencia.

El sentido de la vida se pierde cuando se cubren las necesidades vitales, naciendo el aburrimiento con sus preguntas existenciales.

Al Aburrimiento tampoco le gusta aburrirse demasiado. El Aburrimiento es zona de paso, nadie quiere ser su huésped. Le pasa como a nosotros, que no nos aguantamos a nosotros mismos si estamos aburridos. Él no quiere que por aburrimiento se justifique lo injustificable. Me pide ayuda,

¡pero es tan aburrido...!

El sentido no tiene fin, sólo sus formas.

--

La naturaleza sabe que su sentido es dotar de vida a la materia para que la vida la consuma.

--

Los misterios no tienen forma sino esencia.

¿Buscas un sentido a la vida?
Bonita forma de perderla.
¿Cómo puedes buscar agua en el mar?
¿No ves que lo vivo hace de leña
y el fuego de vida?

--

Al principio el sentido de la vida estaba más o menos claro: sobrevivir. Ahora no se sabe.

¿Tal vez sea vivir?

Vivimos en un mundo donde no somos más que
comida que se come a otra...
¡Que aproveche!

--

Vivir sin vivir es fácil.
Vivir estando vivo no tanto.
Y simplemente ser vida, ¿cuándo?

--

Todo lo vivo pasa por ser uno mismo en la
simbiosis de la vida.

Vivimos más años, o eso nos hacen creer, pues no debemos olvidar que los años, tiempo sumado y también robado son . ¿Vale la pena hacer sufrir a medio planeta para al final no tener tiempo y tampoco ser felices? Vemos la cordura como si no fuera cosa nuestra, ya que todos sabemos la gran mentira que hacemos de la vida.

Sé que aunque no viva, mi vida seguirá viajando hasta los confines del infinito. Como las estrellas que veo, me complace saber que mi vida no acaba aquí sino que se convierte en una fracción efímera de espacio-tiempo, la vida desprendida de la totalidad y de la eternidad se manifiesta en lo denso y no eterno, se queda en experiencia efímera, y aun así a veces…

No, no debe ser la vida tan efímera cuando nos da tiempo a complicárnosla.

Búscate proyectos inalcanzables,
te evitarás desengaños.

--

"¡Hostia!", "¡Joder!", "¡Tiene huevos!"...
Tres expresiones que explican casi todo en la vida:
"Hostia" es la admiración ante la sorpresa. "Joder"
la reflexión y "los huevos" le da peso a la cosa.
Pero... "¡hostia, joder, tiene huevos!",
¿para esto nacemos?

--

¿No somos más que meras experiencias
transmisoras de información?, ¿para quién?, o
¿para qué? ¿Dónde vamos si conduce la mente
con el miedo a no existir? Si sólo queda un
perpetuo ahora, y la duda, con esperanza.

La humanidad tiene alzheimer. No sabemos de dónde venimos, dónde estamos, quiénes somos, y ni tan siquiera dónde vamos. Claro, así cualquiera tiene razón.

--

La humanidad está ciega, ya que sólo mira con los ojos cubiertos por el velo mental de conceptos equivocados y programados. La cultura mediatizada por el poder para perpetuar la ceguera, y el poder es el más ciego. No, no queremos vernos. ¡Es tan incómodo cambiar tantas cosas…!

¡Cuánto mejor iría si la gente hipotecara su tiempo a la vida!

¿De verdad hemos venido a cargarnos la vida en el planeta Tierra? Si es que somos marcianos, joder.

--

¡A ver si va a ser todo lo mismo y sólo cambia el espacio-tiempo…!

--

De la nada venimos
a la nada vamos.
En ese trance,
la vida nos encontramos.
No la perdamos...

Vida,
ilusión de la materia llena de esencia,
fugaz ilusión de sentir,
expresión máxima de vivir.
Nosotros, parte consumidora de ella,
y ella de nosotros,
simbiosis de existir.

--

¡Sexo! Energía elegida para procrearnos, gozarnos
y complicarnos.

La vida al principio puede parecer un milagro, al final un absurdo.

Sin embargo,
el atardecer viene sabiamente.
Todo está
para que aprendamos
a saber…
que el atardecer existe
porque ha habido un amanecer.
No somos más que un ejemplo
de un latido sin comprender.
La realidad es quien vence.
El atardecer viene sabiamente,
sabe que su existencia
se la da el amanecer
y la noche lo hace desaparecer.

La trayectoria de la vida
es como cuando lanzas un objeto al aire:
hay un momento en la curva que se para.
Cénit.
Luego viene la bajada.
Las cosas se ven de otra manera,
hay que vivirlas y aceptarlas.

--

La curva siempre vuelve
de cara a su espalda.
De la recta libre y sin retorno,
no se sabe nada.

Cuando eres joven,
la vida es joven y el futuro muy lejano.
Cada día es distinto,
como si cada uno tuviera una existencia.
Luego el futuro es programado,
como poseído, casi vivido, más cercano,
al alcance de la mano.
Ya no se siente
a no ser un día marcado.
Más tarde el futuro se va extinguiendo
y el presente se va asentando.
Y nos cuesta mucho ir aceptando.

Lo peor de vivir la vejez es tener que despedir todo
lo que ves

--

Lo serio es mejor tomárselo con su dosis de humo.

--

El rostro te lo dice
mirar los pies envejece
mirar de frente, es tu presente.
Mirar al universo,
rejuvenece.

En la juventud, a los obstáculos
se les pasa por encima.
En la madurez, se les aparta.
En la vejez, se aceptan o se les rodea.

--

Vivió trabajando y murió pagando.
Vivió pagando y murió debiendo.
Murió debiendo…
y está en paz.

La vida no tiene sexo, es sexo.

--

¿Eternidad o sexo?

La muerte es el elixir que mantiene la vida joven y con sexo.

--

La muerte hace que la vida sea un sueño.

--

La muerte es lo más misterioso que nos ocurre en la vida.

La muerte:

experiencia personal e intransferible.

Que se sepa, o hasta nueva orden.

--

Puede que la libertad se disfrace de muerte.

La dolçor de la mort
quan el cos no acompanya,
la ment es farta, i no pot més.
La mort és dolça.
Ja mort, ja es descansa.

Para comprender lo eterno, deberíamos serlo.

--

En los confines de una eternidad está la realidad percibida.

Te siento, a veces con tristeza,
otras, como la puerta hacia la libertad.

--

Sí, ya sé
que no se muere
por obligación sino por aceptación.
Nos cuesta mucho morir.
Veremos...
Van cediendo muerte y tiempo.

La soledad no se diluye con ninguna compañía, se pueden juntar muchas soledades y seguirán estando solas.

-¿Pero la soledad existe?, ¿no somos parte del todo?

-Sí, y como el todo lo tiene todo también él está sólo.

Al anochecer
La soledad adquiere más intensidad,
se hace más palpable,
como un manto que lo cubre todo,
sólo abriga a quién se siente solo.
Al anochecer toda la naturaleza
se prepara para otra realidad,
por la que viajamos en sueños
tan reales como el anochecer...

Lo individual no existe, todo es un conjunto de individualidades.

--

Cuando los extremos se encuentran, cambian su sentido: la potencia demuestra su impotencia ante toda la potencia de todo el conjunto de la impotencia.

--

Si no crees más que lo que ves, cierra los ojos y no te creas nada.

Ahora en serio, siempre hemos buscado maestros de carne y hueso.

Soledad, compañía, tristeza, alegría, dependencia, libertad, amor, muerte, miedo, egoísmo, concentración…

Sólo les falta un cuerpo de carne y hueso para que sean maestros.

--

El verdadero maestro lo llevamos dentro, por eso buscamos fuera.

¿Sabe la mentira que no es verdad?

--

Cuando todo el mundo político está contento, algo huele mal.

--

Cuando los políticos reparten,
lo hacen estadísticamente,
como la renta per cápita

Cuando hay tormenta los políticos se preocupan
de las goteras.

--

No todo el mundo puede ser facha,
¡a ver si no quién pierde!

--

El disolvente del poder político es la prepotencia.

Érase una vez, en un planeta muy cercano, muy cercano, habitaba el *Homo sapiens,* que era el "sin sentido". Para conservar ese don, cada cuatro años hacían un concurso, al que acudían los más grandes mentirosos del reino. Ellos debían convencer de que sus mentiras eran verdades, el que más convencía, ese ganaba.

Hacían creer a la gente que lo mejor era hipotecar su vida.

Casi nadie era feliz.

Pero todos los mentirosos coincidían en una misma mentira:

Sin ellos y sus guerras pacíficas todo sería caos y muerte. -¡Ja!, ¡Cómo si eso no ocurriera!- Pues para que unos tiren la comida, otros han de morir de hambre, claro, con sus consecuencias...

Era un planeta muy raro, de verdad, -¡Ja, la verdad!-, siempre se la escondía con nombres como "terrorismo" o "anarquía", echándoles la culpa de todo lo que ocurría.

La educación también era cosa de ellos, claro, para hacer más mentirosos y para que la educación fuera un don no le podía faltar la verdad. Y decían que amaban y mataban por amor. Y tenían un Dios muy bueno, muy bueno, y mataban por él. Y luego decían que eran los más sabios y evolucionados del planeta - ¡Vaya mentira!, ¿Eh?- la soberbia e ignorancia era lo que podía destruir el planeta. Pero he ahí, que ellos salieron a buscar la solución... al universo.

Los pueblos piden pan y les llegan balas para matar el hambre.

--

La abundancia no es una virtud, es que sobra.

--

Una mentira sin ignorancia y piadosa contiene más justicia que una verdad hecha ley.

La humildad, además, abre las puertas de la buena
gente.

--

La realidad lleva muchos años,
pero muchos. Ha habido seres que han intentado
cambiar el mundo.
La realidad puede más.

Estoy lo suficientemente loco para que la cordura
no me vuelva loco.

--

Ya no busco la perfección,
Me conformo con la armonía.

--

-Solo-
-¿Solo yo?
- Sí, y ni tan siquiera sabes dónde estás, Universo
le llamas.
- ¡Solo...!
- Sí, ¿y qué?, ¿hay alguna otra forma de sentirse
uno mismo?

Desde la primera bacteria, experiencia e información y el deseo de la materia han hecho lo que soy, pero, ¿estoy vivo?, ¿A qué voluntad cabe preguntarse?.

Yo, partícula pequeña del juego, con un efímero ahora llamado vida.

Cuando miro hacia arriba casi todo lo que veo no es real, a veces ni existe y si me miro me veo denso y tampoco lo soy. Contengo más espacio vacío que materia. ¿Cómo voy a demostrar que existo o qué parte de la realidad percibo?. ¿Y los sueños?, ¿Qué realidad son?. Casi todo está más cerca de que sea un sueño. Ya que estoy solo y perdido en el universo. Si supiera quién soy me daría igual o casi igual dónde estoy. Si en algún sitio cabe la eternidad será en la totalidad y ahí de una forma u otra estoy.

--

No, no me des mucho la razón que te puede faltar luego.

Como humano me gustan más los poetas que sus poemas.

--

Cuantos más años tengo, menos me creo lo que veo, y más lo que siento.

--

Odio las comparaciones, no coinciden.

--

Cuanto más profundizo en mi existencia, más dudo de ella.

Si cada momento es diferente ¿cómo podemos
hacer de la vida una rutina?

--

¡Increíble! La rutina da seguridad y no existe.

Sin saber dónde estoy, sin saber qué hago, ¡hay tantas cosas que tienen efecto sobre mí...! y yo sin saber.

Me atrevo a preguntar: "¿de qué va esto?"

Si la vida se pierde con tanta ignorancia, vivirla no sé lo que será.

Ando por la vida tan seguro como inseguro habiendo sido pasto de la cultura programada y escuela de calle. Sorteando laberintos, algunos mortales. Todavía alguno me tiene atrapado.

No creáis que es ignorancia, es dependencia acumulada por la cultura. Siempre por imitar a quien admiré en sus valores cambiantes y frustrantes.

--

Sí, me siento contento, ¡mi tiempo es mío!

En las personas, como en los insectos me caen bien los que no pican, ni muerden, ni envenenan. Se convive mejor.

--

Las ideas no tienen que ser como la fruta que hay que dejar que maduren. Por naturaleza la fruta muere madura.

--

No quiero aprender de los fallos, me gustaría hacerlo un poquito antes.

No creas que este caos o desorden son cosa mía.
Ya que llamo al “Orden ordenado” y ni caso.

--

Quiero sentir, sentiros,
Ya no quiero promesas,
Quiero sentir,
¡No! ¡No!.
No quiero competir
Sino compartir
Sentir: el único sentido de vivir.

Hoy lloré por no reconocer
¿qué es Ser?... sigo llorando.

--

¡Me cuesta tanto creer que la vida es un viaje...!
Y todo el mundo lo sabe.
Sí, ¡nos vamos todos!,
¡Ssssssh! ¡Silencio, silencio!
¡Que nadie se entere!

El pasado me recuerda, el presente me mantiene, el futuro me extingue.

--

No, no digo que hagas mis locuras sino las tuyas.

--

-¡Ja, ja, ja...! ¡Ji, ji, ji...! Nadie me puede prohibir ser un niño, ¡y menos si soy consciente! Aunque la sociedad se me ponga enfrente.

No me gusta ni el saber social,
ni tener patrón en la vida.
¡Ah!, Y no me llames anarquista.

--

Mi cultura es poca pero le acompaña el civismo.

--

Lo bello no sé si… es un estado o un sentimiento.

¿Por qué hay tanta cultura y tan poco civismo?
¿Tanto cuesta ser cívicamente culto?

--

¡Qué fácil sería todo si la razón existiera!
Bueno, si no nos peleáramos por ella.

--

En la vida, la libertad no existe.
Tienes un cuerpo que alimentar
y una mente que soportar.

Vida y sangre de pueblo,
sangre y vida hirviente
de la injusticia que siente.
Ingrediente para que la revolución empiece,
perdiendo el miedo a la muerte…
… la buena gente.
Vienen las armas,
que lejos de ser justas,
matan y todo lo pierden.
Vida y sangre derramada
por sed de justicia,
del pueblo,
de corazón noble y sangre caliente.
Lágrimas de madre
por los compañeros e hijos
que no vuelven del frente.
Vida y sangre que se pierde
y el pueblo llora, calla, siente y envejece.

Anarquía,
dulce palabra,
siempre mal interpretada.
Utopía de la humanidad.
Se la esconde y no se consigue.
Ya, ya es hora de reconocer
que es parte del ser.
Hacia ella vamos aunque no queramos.
No queremos, pero vamos.
No hay otra salida,
es la naturaleza,
de ella venimos.
No temamos.
Los miedos cederán, los puzzles de la
vida se construirán.

Ella nos hará sacar el sentido
que tanto buscamos y anhelamos.
Nos hará comprender el amor, el respeto
el compartir, el vivir y el realizarse.
Todo está en esa célula llamada anarquía.
No cerremos los ojos.
No cerremos la mente.
No cerremos el corazón,
no sirve de nada.
Dejémosla salir y florecerá
esa humanidad en armonía que
por fin afinará en la sinfonía
de la energía.
Gracias al diapasón de la anarquía.

En política la verdad es mala.

--

¿Sabéis qué les jode a los políticos y a las religiones? que si hay un Dios, es anarquista.

--

Ante la hipocresía cabe la mala educación, por eso las agresiones sólo son casi cívicas ante la hipocresía.

--

La sociedad es la manifestación más subreal que existe en la naturaleza.

¡Justicia fresca!
las penas de cárcel
según mercado…

--

Dicen que no hay ser sin alma…
DUDA…

--

Preso en libertad
muerto en vida

Sin nombre, nombre sin nombre
nadie te nombra sin nombre.
Queriendo ser nombrado,
nombrado estás,
nombre sin nombre.

--

Una insinuación puede ser un camino.
Andarín, ¿qué camino buscas?

--

Los misterios no se esconden,
nos sorprenden.

Cuando hacen el amor los elementos,
las piedras buscan el fondo
el fuego calienta el agua,
que se eleva al cielo,
para que el viento la expanda,
nace la vida.

Te escucho,
sé que vienes,
No seré yo el que salga a tu encuentro.
Otro yo seré
en ese momento del espacio-tiempo.
Traes tus vivencias
y tus pertenencias al encuentro.
Déjame, espacio-tiempo,
que siga existiendo.
Déjame, que llegue al encuentro con ese viento.

Cuando el fuego lo consume todo,
liberando la materia en la vastedad
quedan las cenizas,
y a veces los recuerdos.
Pero los recuerdos no son
y la ceniza es.
Toda materia pierde sus formas,
entidad e información,
historia y pasado,
venga de donde venga,
y ceniza es.

¡Es todo tan efímero...!
¡tantas expresiones,
historia y sensaciones...!
y ceniza es.
Mostrando el paso
de la existencia
a la no-existencia
produciendo esa agridulce sensación
del miedo a no existir
o la humildad del ser
por lo que no ha sido.

¿Cuánto tiempo tardaremos en darnos cuenta de que las cosas si no se comparten, apenas se aprende de ellas y se disfrutan menos?

--

La gente muy culta, debe saber que sin humildad
las culturas no tienen sabiduría.

--

Nos avergonzamos de un pedo
y compartimos el odio,
¡qué humanos!

Tenemos más que nunca y estamos más vacíos
que nunca.

--

La abundancia quita placer a las cosas.
¡Pues qué bien!

--

Dime razón,
que el agua clara no tiene color
ya que la naturaleza
parece demostrarme lo contrario.
Con ella se viste de todos los colores.
Dime razón, ¿tú existes?

La ventana que da al valle con sed,
dónde el valle se ve crecer
por la lluvia que veo caer.
La hierba, los árboles,
la tierra, pueden beber.
Sus fragancias, sus flores,
todo parece crecer.
Estoy en medio de ello:
lo siento, lo vivo y tan fuerte es
que no sé qué decir o qué hacer.

--

El agua tiene toda la información, lo explora todo.

Un atardecer, es verano.
Cuando el sol ya no empuja,
los pájaros con sus cantos
lo llenan todo de sinfonías,
despiden el día.
Al amanecer,
cuando el sol no empuja,
vuelven sus sinfonías
aceptando un nuevo día
¡y son pájaros!
O momentos mágicos
y ellos brujos con plumas.

Contemplaba el valle
y sentí
dentro muy dentro
que algo bello se movía.
Tal vez
las esencias se reconocían

--

Una sonrisa sincera, bien vale una amistad.

El valle y momentos de silencio,
de silencio sí,
cuando duerme el movimiento.
El río adormece su sonido,
fluye pero en silencio
no se escuchan ni los insectos.
Momentos de silencio para escucharse dentro
En silencio.

--

La hipocresía debe ser un fantasma,
está en todos lados y nadie la ve.

Humanos,
¡si fuéramos conscientes
de cuánto tiempo y felicidad
pagamos por el egoísmo...!
con lo egoístas que somos,
lo seríamos menos.

--

¡Joder! ¡Qué putada!
La vida es tiempo y no lo tenemos.

--

El ahora es la eternidad del presente.

En el llamado primer mundo
la gente no nos preguntamos,
no tenemos tiempo.
Estamos en guerra con él.
lo queremos coger,
nos decimos.
¿Veis?, estamos ganando.
Las distancias son más cortas,
y vivimos más años.
Y no hay tiempo para preguntarnos.
¿Dónde está el tiempo ganado?

--

En el fondo la estupidez nos une.

La miseria no se va con jabón,
ni con el dinero para comprarlo.

--

Sí, somos tan inteligentes que si lo hiciéramos al revés nos iría mejor.

--

Sobre la duda no he escrito nada, no sé, será porque dudo.

Antes las cosas eran como eran, ahora hasta los burros vuelan.

--

Supongamos que el tiempo existe... Eso nos podría convertir en vampiros del tiempo ya que al comer no sólo comemos la materia sino también su tiempo de existencia.

--

La luz tiene una dirección,
por eso hay una cara
que nunca ve la luz.

La luz interior es como la luna de día...
casi nadie la admira

--

Si se nace para ser,
¿por qué es tan difícil de entender?

--

Si todos venimos de la misma esencia,
¿por qué somos tan diferentes?

--

¿Por qué nos hacemos las mismas preguntas y
obtenemos diferentes respuestas?

--

Las preguntas no existen,
las hacemos nosotros.

El dichoso "ahora" ¡qué "ahora" ni qué leches!. El ahora, ¿lo entendemos como presente?, y el presente. ¿hasta dónde llega?. Ya que cuando miro a las estrellas en presente estoy viendo lo que fue presente hace millones de años, a lo mejor ni existe en su presente pero sí en el mío. Entonces, ¿nuestro presente cuándo pasa?. Todavía seguirá siendo presente, pero proyectado en el tiempo-espacio hasta los confines del infinito, ¿no hay un presente para la totalidad?
El presente viaja a la velocidad de la luz, por eso nuestro presente es tan rápido. Si pudiéramos vivir a la velocidad de la luz el presente sería mucho más largo o incluso infinito. Da "no sé qué" pensar que todo lo vivido y lo ocurrido sigue flotando por ahí. Que todas las vidas, las gentes, siguen existiendo en su presente por el espacio.
¡Cuánta información viajando! ¿Informará los astros? todo informa a todo, parece algo celular.

¡Joder! ¡Qué maravilla es todo! Y nosotros lo resumimos en una palabra: vida. – Algo tan grande no sé si cabe en una sola palabra.-

Si la velocidad de la luz atrapa al presente y se lo lleva por ahí hasta los confines del infinito, ¿cómo puede viajar tan rápida con nuestro presente atrapado? ¿Nosotros seguiremos creando presente para que la velocidad se lo lleve? Así, cuanto más veloces corramos por el espacio, más denso sería, por decirlo de alguna forma, nuestro presente. La vida queda atrapada por la velocidad y el espacio como sucede en una película al ser proyectada; al acercarnos a la velocidad de la luz, puedo imaginar cómo serían los momentos que ahora llamamos presente.

El ahora es más rápido de lo que nosotros tardamos en concebir:

¡YA! – si fuera más lento sería algo así como: ¡yyyyyyyyyyyyyyyyyyyaaaaaaaaa!

A la velocidad de la luz todo se eterniza. Llega a no moverse nada. para que algo ocurra tiene que salir de ahí.

Al desprenderse lo fraccionado de la totalidad que es la esencia, todo ocurre, como ha ocurrido y ocurrirá.

Tal vez por eso estamos en una materia densa y lenta, si estuviéramos en esencia seríamos espacio-luz.

Nada existe, todo es un instante.

El tiempo sólo es el espacio que necesita la vida
para ser como es.

--

Cuando la intuición toma el relevo
a la matemática
el agua da la información
espacio-tiempo, la vibración
y el universo la solución

--

Bueno, pues eso, póngame un cuarto de cordura y la tontería aparte.

La vida se expande en todas
las direcciones posibles,
la velocidad es quién la lleva,
la estela que deja ese movimiento
es el pasado.
El futuro no viene por delante,
viene de dentro, por detrás, empujando.
Sin embargo, el nuevo día nos está mirando.

Si no hay ni arriba ni abajo, ¿dónde coño está el
centro?

--

En lo denso,
la fuerza va hacia dentro
en lo sutil,
va hacia fuera.
Es como si lo denso inspirase,
y en su aliento, el espíritu de la vida
expirase.

Amor amor amor odio
cariñoso amor amor cruel
compartido amor amor egoísta
constructivo amor amor destructivo
humilde amor amor soberbio
sabio amor amor ignorante
perdón de amor amor rencoroso
limpio amor amor sucio
perfumado amor amor maloliente
amor de amores mal de amores
amor miedo

¡Qué gustito! Calor,
y me pongo en un sitio fresquito.
¡qué gustito! Frío,
Y me pongo en un sitio calentito.
¡Qué gustito da querer lo que no se tiene!.

--

Era una noche fría,
Y aún así un poema nacía.

Una mirada,
el brillo de las estrellas,
Sus misterios…
Todo eran ojos, brillo,
brillo y una mirada.
¡Qué poder!
Misterios, magia, energía,
y más,
mucho más,
expresión y sentimiento,
claridad y reconocimiento.
Todo, una mirada.

Cuando nos enamoramos y creemos que amamos, ese amor es una reacción química que provoca cambios en nuestro estado físico y mental. Estos cambios son los culpables de que no estemos en el amor. No podemos comprender por qué un enamoramiento, que se siente fuerte y casi compulsivo, se desvanezca en el tiempo. Y, aunque el tiempo es un buen disolvente, el amor no se disuelve. No, no hay punto de mira ni flecha de cupido pues no hay dónde apuntar: el amor es.

La tierra dura por dentro y tierna por fuera.
No está hecha la seda
para las uñas del gato

--

Para sufrir amar, siempre que he amado mucho he
sufrido igual.

La libertad y la armonía, creo que pueden hacer el amor. La armonía y la libertad compartida son los dos pilares con los que podemos existir y sentirnos vivos. Otro pilar es el amor, donde construimos sabiendo que confusión e ignorancia pueden derrumbarlo. Ojalá pudiera dejar de amar y ser amor.

--

Algo me falta que tienes
Algo tengo que te falta

Lo más inteligente pasa por no serlo.

--

Los vicios enganchan, las religiones y profesiones también.

--

Mentira
Un poema

¿Yo qué soy? Más mentira cuanta más verdad conozco.

Y parece mentira.
Y somos capaces de ir a la luna.
Ante tanta vanidad.
Ante tanta hipocresía.
Ante tanta mentira.
Ante tanta búsqueda.
Y somos capaces de ir a la luna,
Y parece mentira.

En el valle estaba solo,
tan solo, tan en la soledad
que si alguien se adentraba lo sentía,
y parece mentira.

--

¿Por qué queremos
dotar de cordura a la naturaleza,
si hasta ahora la más cuerda es ella,
con su anarquía...?
y parece mentira.

La materia del miedo
somos los seres vivos,
y parece mentira.
Un problema es si tiene solución,
Si no, no hay problema,
hay lo que hay,
y parece mentira…
En verdad,
el dinero sólo vale en la vida,
y parece mentira.
En verdad vida hay una y parece mentira.

Escucho el rumor de la lluvia
como escucho el rumor de la impotencia.
Una gota no se escucha,
no soluciona nada,
apenas existe,
impotente cae.
Todas las gotas unidas
tienen voz y fuerza,
como nosotros,
uno a uno somos impotentes
pero unidos la mayor potencia,
Aunque cada uno se sienta
gota de agua.

Los tres pilares con los que creamos el futuro son:
miedo, egoísmo e hipocresía.
Vamos, padre, hijo y espíritu santo.
¡Vamos bien!

--

Todo pesa.
Pesan las palabras,
los hechos, las consecuencias.
Todo tiene su peso,
hasta los pensamientos no expresados
tienen consecuencias que les dan peso
y la vida hace de báscula.

¡Tan ignorantes...! había una culpa que no era de
nadie.
La ignorancia se hizo cargo de ella.

--

La ignorancia también tiene derecho a existir,
si no, ¿cómo podríamos perdonar?
Es salvadora de perdedores
y ante ella no existen juicios,
nada puede condenarla, es simplemente
ignorancia.

La distracción es una huída sin comprender.

--

La imaginación
es el don de la exploración.
Madre de la creación
e hija de la curiosidad
y me parece que cuñada de la explotación.

Y si Dios creó al hombre a su imagen y
semejanza…
Da que pensar

--

Lo virtual es una mala copia de lo espiritual. Cómo siempre, y si no crees más que en lo material, ¿qué haces con lo virtual?

--

Cultos aunque analfabetos de la vida: aquellos que sólo la viven leyendo mientras a su alrededor la vida la escribe.

--

Sólo la esencia puede susurrar
poemas tan hermosos
que nosotros no podemos escribirlos.
Sólo, sólo a veces, sentirlos.

Se acerca el momento
de que el poema sea narrado
y el miedo alejado
para que el ser humano
se pasee en un futuro
donde los hijos son hijos de todos,
y la armonía y la humildad mantenidas.
La felicidad no es buscada, es vivida.
La sonrisa en su rostro y su corazón,
latiendo al ritmo de la creación
nada que demostrar.
Nada que temer.
Comprendiendo al fin
que la vida es un efímero viaje,
que los misterios tienen a bien que exista.

¡Dilo!

-No, dicho está.

¡Hazlo!

--

MÁS BIEN NO HAY FIN,

PUES NO HAY POR DÓNDE EMPEZAR

ISBN 142516532-X

9 781425 165321